Copyright © 2022,2018 Ariel Castiglioni

Todos los derechos reservados

Ariel Castiglioni

V 10187

ISBN: **9781719891172**

Humor y Management

¡Por suerte existe Internet!

6 - Humor y Management

Índice de Contenido

Prólogo 11

Introducción por Ariel Castiglioni 15

Una mesa de ping pong, una colchoneta de gimnasio de barrio, dos kiwis en la cocina, y... ¡ya me siento trabajando en Google! 17

Pedir a los empleados sus boletos de colectivo 21

¿Servirán medialunas en Tokio? La pregunta la quiero para analizar los costos de una empresa 25

Contratemos gente eficiente, que llegue temprano, que cumpla, y que trabaje en equipo. 29

¿Cuántos son los procesos de recursos humanos? 33

Para el curso de inducción, leete este manual de 300 páginas y cualquier duda me avisas. Necesito que comprendas por qué necesitamos ser más ágiles a la brevedad. 37

Aquí trabajamos part time... sólo 12 horas por día 41

Compré el sistema SAP, ¡ahora ya somos una empresa grosa! 43

Dejar el escritorio con papeles y la computadora prendida para mostrar que trabajamos 45

El millennial me renunció por WhatsApp ... ¿Y ahora? ¿Qué hacemos con la puesta en marcha de la web? 47

Las listas negras 49

12 51

¿Por qué me promovieron a Director y soy el único sin cochera para el auto corporativo? 51

Cambio lo externo para no cambiar lo verdaderamente necesario .. 55

Las empresas no son hijos 57

¿Querés llegar a CEO? 61

Los mitos urbanos que corren entre los empleados buenos se van, los malos que se quedan, y los que ascienden son…. 63

Ascensor para directivos 65

Siempre una corbata o traje a mano, no sabemos cómo será el día . 67

Comunicar a 7.000 para avisarle de su despido a solo 300 colaboradores 69

Humor y Management virtual 71

Epílogo 75

Humor – Definición de RAE (Real Academia Española)
http://dle.rae.es/srv/search?&w=humor
Del lat. humor, -ōris 'líquido', 'humor del cuerpo humano'.

1. m. Genio, índole, condición, especialmente cuando se manifiesta exteriormente.

2. m. Jovialidad, agudeza. Hombre de humor.

3. m. Disposición en que alguien se halla para hacer algo.

4. m. Buena disposición para hacer algo. ¡Qué humor tiene!

5. m. humorismo (|| modo de presentar la realidad).

6. m. Cada uno de los líquidos de un organismo vivo.

7. m. Psicol. Estado afectivo que se mantiene por algún tiempo.

Gerencia - Definición de RAE (Real Academia Española)
http://dle.rae.es/srv/search?m=30&w=gerencia

1. f. Cargo de gerente.

2. f. Gestión de un gerente.

3. f. Oficina del gerente.

4. f. Tiempo durante el que una persona ostenta la gerencia.

Ariel Castiglioni
http://arielcastiglioni.com/

Experto en Desarrollo Organizacional y Directivo y Contador Público (UCA). Especialista en Gestión de Recursos Humanos de Administración Pública de Universidad de Harvard.

25 años de trayectoria en posiciones de management en empresas privadas, públicas y OSCs de Latinoamérica y EEUU. Fue Director de Integrar Recursos Humanos, CEO del Grupo Conocimiento y Dirección y ha desempeñado posiciones SAP, Shell CAPSA, IBM, Educ.ar y Price Waterhouse& Co.

Es docente de Educación Ejecutiva de la Universidad Torcuato Di Tella en temas de Gestión del cambio, liderazgo y autoconocimiento.

Autor de "Educación y Nuevas Tecnologías: ¿Una Moda o Cambio Estructural? (Veredit) y "Rejerarquizando La Educación Terciaria: Aportes Alternativos para una Mejora" (Fundación Grupo Sophia – Deloitte&Touche).

Autor de los siguientes libros:

- **"Desarrollando Líderes"** *junto a los fundadores del Centro de Desarrollo de Liderazgo del ITBA – Ed. Temas (2012).*
- **"Anímate a Cambiar"**, *junto a Mariano Vinocur.*
- **"Coherencia Organizacional se busca"**, *junto a Karina Hejler.*
- **"Etapas Vitales"**, *junto a Claudio Alberto Gonzáles.*

Todos los libros los puedes encontrar en Amazon Kindle.

Prólogo

"Quiero que sean los primeros en leer mi libro de humor y management" nos comentó con gran entusiasmo. *"Es difícil a veces enseñar liderazgo y empatía a cargos medios y ejecutivos. Quiero comenzar a promover el humor como herramienta de reflexión. Una sonrisa genuina puede dejar una huella".*

Con esa introducción nos despertó la curiosidad y fuimos ese domingo por la mañana a encontrarnos con Ariel y su primer libro.

Nos sorprendió. No nos trajo un libro de 300 páginas en papel que íbamos a guardar en la biblioteca. Con mucho humor nos dijo que quería estar más cerca de los jóvenes, que no podía promover una maduración en la gestión del cambio si tampoco se iba a modernizar digitalmente. Entramos en pánico, «¿*acaso iba a sacar un teléfono de colores con Snapchat para sacarnos una selfie aplicando filtros y poniendo los dibujos a nuestros rostros?*»

Con esa misma inusual naturalidad, deslizó una tableta y comenzó a explicar: *"Voy a publicar mi libro en forma digital en la plataforma Kindle de Amazon. Todavía no está listo, pero quiero compartirlo primero con ustedes. Desearía que lo lean ya que ustedes escribirán el prólogo. Pueden leerlo ahora y enviarme su prólogo en la tarde. La idea es publicar para el mundo".*

Más pánico. «*¿Debíamos leer esa mañana 300 páginas en la tableta? ¿publicar para el mundo? ¿escribir un prólogo?*» …

Por suerte, todo lo que nos sucedió luego fue una de las experiencias más felices e impactantes de nuestra vida como hijos de Ariel.

Aprendimos que los libros modernos de management son aproximadamente de 10,000 palabras, lo que equivale a dos horas aproximadas de dedicación. Disfrutamos de la lectura digital, y pudimos adaptar la letra y color de la pantalla a nuestro gusto. Ese día aprendimos muchas cosas, y papá lo logró, nos hizo reflexionar sobre management con humor.

Sonreímos leyendo historias inspiradas en casos reales, con la pluma de papá alimentando una conclusión, una enseñanza.

Gracias papá. Esa mañana aprendimos mucho de gerenciamiento en el mundo de hoy. Entendimos que dejarse llevar por el mundo digital no era cambiar, sino complementar. Un libro digital no reemplaza el papel, es otro medio más para comunicar, para leer, para ese genial hábito que es disfrutar de las palabras. ¡Y con humor!

Nos dejamos sorprender cuando nos dijiste que podíamos encargar el libro en formato papel y que Amazon lo iba a imprimir en ese instante, enviándolo a cualquier parte del mundo en 48 o 72 horas. Quedamos felices sintiendo que por fin no íbamos a ver depósitos llenos de papel llenándose de polvo listos para ser enviados en diversos medios de transporte. Sentimos que ayudábamos al planeta esa mañana.

¡Quedamos abrumados!

Con gusto escribimos este prólogo esa tarde y te lo compartimos, con enorme agradecimiento por habernos invitado a participar en tu libro. Sabemos que un día, esta obra estará en nuestra biblioteca y la atesoraremos de forma muy especial.

Vamos al contenido. Nos encantaron los 19 cuentos. No queremos adelantar nada a los lectores, pero hay algo que quedó en nuestra retina: las listas negras. Nos asombró que hayas investigado sobre su origen y descubierto que la primera vez que ese concepto se utilizó fue por un escritor inglés en su obra *El combate antinatural*.

Todas las historias nos dejaron una enseñanza y una sonrisa. Sentimos que no sólo lograste su objetivo de humor y management, sino que también nos dejaste entrever un papá un lado tan ingenioso como desconocido para nosotros.

Muchos éxitos papá. Contamos con que todos los lectores compartan contigo sus historias y vivencias, y que luego de este primer libro escribas mil más y ¡¡¡no pares hasta el Nobel!!

Queremos cerrar devolviéndote las palabras que con tanto amor nos enseñaste "Los sueños primero se imaginan, luego se declaran, y con esfuerzo y trabajo finalmente se hacen realidad". Y agregamos, "y si es con humor se disfruta más del camino".

Tus hijos Tomas y Mateo

Agosto 2018

14 - Humor y Management

Introducción por Ariel Castiglioni

No quiero hablar de mí en esta introducción. Me gustaría en cambio, relatar el motivo que me impulsó a escribir este libro: el humor es sanador. El humor es un recurso muy poderoso que nos hace mucho mejores comunicadores y líderes.

Hace años observo situaciones que me llevan al humor, a veces quizás un poco negro o ácido, dirían algunos. Deseo el humor exponga situaciones cuya existencia sería difícil de asumir de otra manera.

Les comparto estimados lectores que todas las historias están basadas en situaciones reales, las cuales han sido modificadas para darles una cuota sana de comicidad en un relato literario, cuidando a los verdaderos protagonistas de los hechos descriptos.

Con este libro, aprendí a valorar el relato corto, la escritura digital y la lectura rápida. Estoy agradecido con Amazon por haberme iniciado con esta obra en la publicación Kindle.

Agradezco a Cristina, con quien tuve una relación de 20 años como compañera de vida, y a nuestros dos hermosos hijos Tomás y Mateo. Son quienes me ayudaron a ser como soy. Agradezco a familiares, amigos, estudiantes, colegas y clientes por siempre estar cerca y enseñarme algo nuevo todos los días de mi vida.

Agradezco mis estudios universitarios en el país y en el exterior; mi trayectoria profesional a lo largo del continente americano; mi experiencia en el sector privado, público y OSC; a la ciencia logosófica y a mi maestro de sabiduría, que marcan mi proceso de evolución consciente hace más de 10 años, haciendo que cada día, intente ser mejor persona para ayudarme a mí mismo y a todos los seres que me rodean.

Bueno, no los distraigo más, cuento con que disfruten estos relatos.

Ariel

1

Una mesa de ping pong, una colchoneta de gimnasio de barrio, dos kiwis en la cocina, y... ¡ya me siento trabajando en Google!

¡Qué emoción sentimos cuando vemos elementos de la vida cotidiana, en el ambiente laboral!

Por supuesto en una casa de fin de semana (o quinta se le suele llamar), no nos llamaría la atención una mesa de ping pong; en ninguna cocina nos detendríamos a pensar si tener kiwis es moderno; y, bueno, una colchoneta de gimnasia acordemos algo, no nos llamaría la atención en un colegio o gimnasio, pero …. fuera de esos lugares reconozcamos que es poco común verlas.

Si vemos esto en las oficinas, nos sentimos que estamos en Silicon Valley, California, en la empresa que más nos guste. ¿Hablamos con conocimiento, o nos dejamos guiar por estereotipos? ¿Entonces hay manzanas en vez de kiwis en Apple?

Investigo un poco, descubro que muchas empresas empezaron principalmente en los años 80 y 90 a ofrecer jugos naturales y bebidas... ¡con el fin promover la vida saludable y que los empleados sean más productivos! No leo sobre *table tennis* como se las llama en el exterior. ¿A quién se le habrá ocurrido que una mesa de ping pong ayuda a ser más eficiente? Seguro que al que juega este deporte, o a quien quiso alguna vez tener una. Pero a la mayoría de la gente nos sirve para recordar que esa pequeña pelotita blanca o naranja es más rápida que nuestra propia vista.

En muchos lugares vi que los sectores de recreación permanecen desiertos, sin uso y ocupando espacio. La mayoría de los empleados esquivan desafíos de habilidades; los gerentes sólo toman la paleta de ping pong o los comandos de la play cuando son buenos en eso. No les gusta que los vean divertidos y jugando; y los directivos, se preguntan quién habrá tenido la idea de ponerlas allí.

Ahora, yo me pregunto: ¿Sirven verdaderamente para algo bueno estas mesas largas y verdes en las empresas? Investigo un poco y descubro que sí. Son geniales y amplias para poner los sándwiches y las tortas en las reuniones de cumpleaños.

¿Se habrán dado cuenta los impulsores de ambientes disruptivos lo que hacen a veces? El desafío no es incorporar sectores de recreación, sino desarrollar integración humana en esos sectores. En la tarea de incorporar empleados y luego mantenerlos, la mesa de ping pong no tiene mucha prioridad, pero sí son un buen disparador del humor.

Me magnetiza ver jugos naturales (promueven la salud), me deslumbra ver lugares con sillones "cómodos" para sentarse a conversar y tener vínculos sanos. Es bueno ver ambientes de salas de reunión distintos y comedores cómodos. Me siento feliz al ver que la gente se pregunte cómo mejorar.

Mañana me junto con un cliente, trataré de que sea una jornada de alta productividad, pasaré por el supermercado para comprar kiwis. Ya encargué un flete para llevar la mesa de ping pong que me regalaron en otro cliente. Solo me queda buscar las pelotitas naranjas. ¡Gracias Internet por ayudarnos a buscar! Al fin y al cabo, todos buscamos algo...

Ya está, me confirman que la mesa de ping pong llegó. Espero no hacer muchos papelones cuando juegue con los participantes de mi curso. En todos los casos los haré sentir bien: la mayoría podrá ganarme.

20 - Humor y Management

2
Pedir a los empleados sus boletos de colectivo

Hace algunos años, en el transporte público argentino, había boletos de colectivo que estampaban la fecha y la hora de inicio del viaje, y el nombre de la estación.

"Hay una información muy valiosa en esos pequeños cartones" pensó ese ejecutivo de multinacional, y lo recordó cuando vinieron de visita los ejecutivos extranjeros de la casa matriz. Al caminar por las instalaciones y ver que los pisos estaban desiertos porque nadie había llegado, el jerárquico visitante dio la orden de controlar hasta el más mínimo exacto minuto de los arribos y las partidas de los empleados.

Los gerentes, aterrados de que se descubriera la real magnitud del caos, se pusieron en marcha para demostrar cuán competentes eran en encontrar una solución. Hicieron decenas de reuniones para tratar el tema, solicitaron a la gente de auditoría, de hardware, de soporte, de software y proveedores externos, que construyeran extensas planillas de cálculo con impresionantes análisis que contabilizaran hasta los minutos que salía la gente a fumar. Todo estaba controlado. George Orwell autor del libro 1984, hubiera estado orgulloso de este management.

Detengo aquí mi relato, en el piso más elevado de la organización, donde un ejecutivo/a *(no aclaro el sexo pues no estaba informado en el cartoncito del boleto de transporte público, no hay discriminación de género en mi relato)*, solicitó los cartoncitos de sus empleados para registrar en planillas y analizar si la gente salía a horario de sus casas, calculando la distancia promedio entre la dirección de su hogar y la oficina.

Comenzó a preparar un hermoso rompecabezas de estos cartoncitos, en un costado de su amplio escritorio y en riguroso orden, obsesivamente ordenados uno al lado del otro, para que todos los vieran y entendieran que estaban frente al ejecutivo más eficiente de la organización. Visualizo un platito con dos kiwis cerca y es para lanzarse a hablar con recursos humanos para que inmediatamente le otorguen el premio a la actividad más innovadora de todos los tiempos.

Tengo tantas preguntas. ¿Se habrán desarrollado macros Excel para calcular el impacto en la productividad laboral de salir más temprano o más tarde para hacer trámites personales? ¿Qué habrá pasado cuando un empleado entregaba cartoncitos de distintas direcciones? ¿Habrán analizado que el empleado no durmió en su casa? No quiero imaginar si algunos empleados mostraban cartoncitos del mismo lugar a la misma hora, o si una madre tuvo que ir al colegio de su hijo mayor y la llevaron luego en auto. ¿Habría que haber desarrollado más planillas Excel contabilizando la nafta utilizada?

Pocas veces tuve la oportunidad de ver tanta esforzada improductividad en más de 600 comprometidos empleados.

Bueno…. ¡comprometidos a controlar horarios! Lamentablemente, no hubo mejoras en la eficiencia del rendimiento organizacional, ni en la calidad de los proyectos, ni en la vida saludable ni en el ambiente de trabajo. Si solo ese compromiso hubiera estado puesto en lo importante...

Me vienen a la mente muchas preguntas, pero un interrogante me llama poderosamente la atención: ¿El ser humano habrá sido siempre así? ¿O nos encontramos frente a excepciones del universo que estarán en libros de psicología?

Me quedo tranquilo, esto es parte de la cultura humana desde principios de la historia. ¿Qué? ¿Los cartoncitos de transporte público se usan desde siempre? No, lo que está desde el inicio de la raza humana es el deseo de controlar.

Controlar, tengo que ir al diccionario de la real academia española y encuentro que es ejercer el poderío sobre alguien o algo. Es normal controlar. Sin lugar a duda vivir esa experiencia tuvo un propósito: darme cuenta de que debemos enroscarnos menos y hacer más.

Ahora le pido al flete que llevó la mesa de ping pong a mi cliente, que me envíe el recibo de dónde cargó combustible y a qué hora. Necesito encontrar un experto Excel. Por suerte tengo Internet para buscar.

24 - Humor y Management

3

¿Servirán medialunas en Tokio? La pregunta la quiero para analizar los costos de una empresa.

Hace algunos años escuché una frase genial, *"No más café ni frutas, ni medialunas, en la cocina de la empresa, tenemos que bajar 10 millones de dólares de costos fijos anuales"*.

Poco tiempo después escuché como un empleado cuestionaba que su jefe viajaba en clase business a Tokio. ¿Iba a verificar a donde habían ido a parar las medialunas?

Me pregunto, ¿cuántos empleados tenía la empresa que quería suspender las medialunas?, ¿cuánto costaban las medialunas?, ¿cuántas medialunas por día se comían? Vamos a lo importante, ¿eran ricas? Pues si eran duras y sin sabor, sin lugar a duda suspenderlas era un paso obvio para evitar costos superfluos.

Imagino ahora que las medialunas que se dejaron de comprar por arte y magia del destino, ahora se ofrecen en los desayunos de la clase ejecutiva del vuelo a Tokio. Cuestionar el costo de las medialunas es lo mismo que cuestionar si vale la pena enviar a un empleado en business cuando va a firmar un contrato millonario. ¿Vale la pena? Pensemos: Si es para traer un contrato de varios millones de dólares, enviarlo en primera clase está perfecto. Eso sí, que no vuelva sin el contrato y que se quede con el pijama de souvenir. Ahora si viajó para tomar un curso, está bien que viaje en coach (y le deseo que le toquen ricas medialunas).

Los costos están constituidos por dos tipos de números,

los costos fijos y los costos variables. Bueno, y podemos agregar los costos excepcionales, como la mesa de ping pong.

Los costos son la parte proporcional de algo, cobran valor en referencia a un contexto determinado. Caso contrario son un número sin significado.

Si en una empresa gastamos diez millones de dólares en medialunas, y la empresa es Apple (primera empresa de la historia que superó la valuación de un trillón de dólares), bienvenidos sean los diez millones de dólares. Pensemos como proporción. No es lo mismo si las medialunas son el 0,0004% de los costos o si son el 40%. En todos los casos, coincidamos, nadie estudia los números, y el Excel está reservado para hacer reportes analíticos. Ojalá no sólo de llegadas tarde.

Temo haberme topado con la dura realidad: la gran mayoría de la gente en las empresas no entiende de costos.

¿Será que todo depende de suspender las medialunas?

PS: Gracias Jorge Libman por la ilustración.

28 - Humor y Management

4

Contratemos gente eficiente, que llegue temprano, que cumpla, y que trabaje en equipo.

¿Algo más? Todos los avisos de búsqueda de personal en términos relativos dicen lo mismo, queremos los mejores talentos del mercado. Por justamente este motivo, las descripciones de un puesto son el desvelo de los gerentes medios y de las áreas de recursos humanos.

¿Cómo se hacen las descripciones de funciones, llamadas en el mundo corporativo las "job descriptions"? Tienen 2 áreas, por un lado, la descripción de las tareas que necesitamos se realicen, y por el cual uno obtiene una compensación; y por otro, la descripción de lo que necesitamos en la empresa, por el cual uno generalmente recibe beneficios.

Me recuerda las propuestas de matrimonio. Queremos que vengan, se queden, y seamos felices por siempre. Pero.... ¿en las propuestas de matrimonio sólo describimos las tareas que debe realizar la contraparte, y lo que queremos en nuestra relación a futuro?, ¿en esos planteos acordamos la compensación y los beneficios que tendremos?

Es claro que una descripción de un puesto no es una propuesta de matrimonio, nunca lo será, pero favor aprendamos de ellas.

Las propuestas de matrimonio se diferencian de las propuestas de noviazgo rápido (llamadas touch and go) por el corazón y alma que le ponemos al proyecto de vida.

Entonces las descripciones de trabajo deben aprender de ellas, lo más importante es contar el proyecto de vida de la empresa.

¿En el proyecto es necesario hablar de mesas de ping pong y kiwis en la cocina? Mejor no, tampoco mencionemos que a algunos les gusta controlar horarios.

El proyecto es lo que enamora a una persona en su trabajo. La sana convivencia sostiene. Vemos la gente entrar a las empresas con moderada pasión, más con renovada esperanza de haber encontrado un lugar donde crecer, ¡o por lo menos aprender de tenis de mesa y play station!

Ya sabemos, si queremos tener un touch and go, sigamos haciendo las job description como hasta ahora, no nos quejemos cuando los empleados se van, o hasta cuando nos despiden vía WhatsApp. A veces no merecemos que ni nos avisen. Otras veces es genial que renuncien por WhatsApp, nos ahorran tener que despedirlos.

Si queremos productividad y una relación a largo plazo, empecemos por trabajar el proyecto de vida de la empresa. Ambas partes, empleado y empleador. ¿Lleva mucho tiempo hacer las cosas bien?

Si en la job description hay mucho énfasis en las mesas de ping pong, play station, y masajes de uñas, favor, háganme caso, salgan corriendo…. las siento como una propuesta de matrimonio basadas en el tamaño del televisor y los utensilios de la cocina.

32 - Humor y Management

5
¿Cuántos son los procesos de recursos humanos?

Esta pregunta desvela a todos los mandos medios de una organización. Desde que se inventó que los gerentes son los socios de recursos humanos, todos se preguntan qué hacer. (me parece bien, son ellos quienes lideran a los empleados y evalúan todos los aspectos de cada persona). Aunque el manual de inducción tenga 300 páginas, o esté en un formato de educación online en la intranet, no logro descifrar cuántos son en definitiva estos procesos.

¿Alguien de la empresa sabe cuántos procesos son? Empecemos. Comenzamos con el de reclutamiento, seguimos con el de inducción, entrenamiento y mentoring. Son centrales los de compensaciones y beneficios. Van seis, no olvidemos el que siempre se olvida, el proceso de legado, es decir el proceso de terminación, ya sea voluntario o involuntario.

Es claro que todos conocen los procesos de reclutamiento y compensaciones; es decir cómo obtener talento y cómo pagarlo, nada más.

Es mucho trabajo ya reclutar y pensar cómo pagar, no pidamos más. No olvidemos las medialunas, las mesas de ping pong, y los kiwis.

¡Ah! Y los resultados de los partidos de futbol. Una vez observé como un gerente tomaba una entrevista. Él estaba en una sala de reunión, con su computadora que daba al pasillo vidriado, y en una sala contigua había un profesional con traje esperando. Se notaba en él un cuidado especial de su imagen para la entrevista de trabajo. Cuando fue llamado a la entrevista, el gerente continuaba mirando, por el rabillo del ojo, el partido de fútbol. "Tendría que haber venido con jeans y remera de futbol", habrá pensado el pobre postulante".

Se ve que ese gerente pensaba que nadie lo notaba y no recordaba en absoluto que las entrevistas son para conocerse, analizar los conocimientos, y vincularse con el otro.

Estimo (y espero) que el humor haga reflexionar a más de uno. Por suerte el fútbol da muchas alegrías también. Si existe una gran pasión el mundo es la pasión por este deporte. Se paran las obras, se interrumpe el trabajo en la oficina y las clases en los colegios, la gente inventa licencias médicas para viajar a ver partidos, nada produce un debate más apasionado que el drama de ver anulaciones de goles por posición adelantada.

Sí, vamos a incorporar un proceso más a recursos humanos: el proceso del off-side o posición adelantada. Sería genial en las empresas, así aprendemos a ser oportunos. Por suerte existe Internet para ayudarme a leer sobre esto.

PS: Gracias Jorge Libman por la ilustración.

36 - Humor y Management

6

Para el curso de inducción, lee este manual de 300 páginas y cualquier duda me avisas. Necesito que comprendas por qué necesitamos ser más ágiles a la brevedad.

¡Qué frase increíble! Es genial. Si nos imaginamos a la persona en una sala de reunión recibiendo tal semejante de instrucción, me gustaría agregar que a los pocos minutos comienzan a desfilar un gran número de personas que lo ayudarán con ese manual.

Traerán el código de conducta para firmar, los formularios que hay que llenar con datos personales, y no olvidemos la vista del funcionario de la obra social que traerá formularios médicos y de paso querrá vender un seguro de vida, del hogar, y de auto. *«¡No Ariel, eso es ya una exageración!»*, me grita mi consciencia. Me rebelo, es cierto, lo he visto. Sí, he visto la cara de desesperación de una madre leyendo estos formularios con un vendedor de seguros delante de ella. La hicieron llenar decenas de formularios, pero nadie se enteró hasta después de muchos años pequeños detalles de su vida que hubieran impactado esos formularios.

No entremos en detalles, vamos a lo importante. A esos se le suman más formularios, donde debe indicarse habilidades deportivas en tenis de mesa, alergia a frutillas y kiwi, y dominio de temas de futbol, que parecería esencial. Sin esos formularios algunas áreas de recursos humanos no podrían avanzar en actividades de integración. Me pregunto, ¿Habrá alguien que haya notado el impacto de la inducción en tiempos de primavera? Mejor destaquemos algo importante. Cualquier curso de inducción en invierno, nos protegerá del frío; y cualquiera en verano, nos hará preguntarnos por qué estamos ahí y no estamos de vacaciones con la familia.

El curso de inducción es el primer proceso de entrenamiento de una persona. Obviar y mal formar a alguien en este momento impactará la productividad de la organización. ¿Es el primero? ¿O se debe hacer todos los años? La inducción a la organización, la inducción al primer año, al segundo, al tercero, al ascenso, a los 10 años, a los 20, al final. ¡Alto! ¿Dónde está la fecha de ingreso de la persona a la empresa? ¿Alguien la sabe? Si, seguro la sabe la gente de compensaciones, que la usan para calcular la antigüedad y los días de vacaciones.

Me quedo más tranquilo, ya sé dónde empezar. Induzcamos a los empleados a hablar de futbol, practicar tenis de mesa, pelar la piel de kiwis. Pero por favor, que alguien induzca a la gente de recursos humanos a recordar las fechas de cumpleaños del ingreso a una empresa de sus empleados.

Siento que la fecha de ingreso de una persona a una empresa es la fecha más importante del vínculo entre la organización y el empleado. Es como la fecha de matrimonio, y todos sabemos las escandalosas situaciones se producen cuando alguien se olvida ese aniversario.

Por suerte existe Internet, pero esta vuelta ya no me ayuda. No podemos acceder a los datos privados de la empresa.

7
Aquí trabajamos part time... sólo 12 horas por día

Es gracioso (¿seguro?), recordar a quienes nos desafían.

A veces los desafíos se producen para formarnos mejor, otras veces para desarrollar un clima de esfuerzo. En todos los casos, nadie entiende que no se trata del tiempo, no se trata de ser full time o part time. Se trata de trabajar bien, de producir resultados.

¿Y cuándo se trabaja bien? Parece cursi o naif, pero es así, ¡cuando uno ama lo que hace! Al amar lo que uno hace, se encuentra el equilibrio en forma natural.

Como dijo un gran líder, "no podemos usar la palabra amar, o amor, en el trabajo; mejor usemos la palabra compromiso y lealtad". Me da curiosidad de saber qué opinaría sobre eso la esposa de este líder. Porque mi experiencia es que este líder no tenía ni equilibrio, ni amor, ni compromiso, ni lealtad. En el líder no había nada de eso.

Les dejo que imaginen situaciones. Por suerte pueden usar Internet.

42 - Humor y Management

8

Compré el sistema SAP, ¡ahora ya somos una empresa grosa!

A ver muchachos...Es al revés. SAP, empresa líder mundial en sistemas de gestión, es necesaria cuando sos grande. Tener SAP no te hace grande, ser grande implica que se hace necesario usar SAP.

Este título citado aquí me da pie para pensar numerosos futuros libros. Gracias, es una fuente inagotable de inspiración. A estas alturas creo fervientemente que ese tipo de pensamiento alterado es algo intrínseco del ser humano. Ese pensar que son las cosas que tenemos o adquirimos o que no tenemos o no podemos adquirir lo que nos hacen más grandes o más pequeños.

Muchas organizaciones adquieren SAP para ser grandes sin serlo, pero los hace sentir grandes. Otras, que aún son pequeños, lo hacen para seducir ser adquiridos y compatibles con los grandes. Algunos se guían por las apariencias, hipotecan las ganancias de los accionistas y el sueño de empleados para mostrar que son más de lo que son. Otros, con coraje, desarrollan excelentes estrategias que garantizarán un buen porvenir a empleados y proveedores.

En la mayoría de los casos, hay decenas de consultores contratados en buenos hoteles viajando por el mundo, y nadie los atiende, mejor aún, traen un extranjero para que lidere a todos sin ni siquiera hacerle una inducción y comprobar si domina el idioma local. ¿Ya escribí de la inducción y de los procesos de recursos humanos? Por suerte sí. Ahora tenemos que rever conceptos anteriores para profundizar en este relato.

Expliquemos que es SAP, es una gran empresa la cual tuve el honor de ser parte. Sin hacer publicidad, SAP es el mejor sistema para una empresa grande. En este caso, ser grande significa tener tantas variables que las puedo configurar para cumplir casi cualquier regla de negocio.

SAP no se trata sólo de un sistema, sino de un repositorio, es un almacén de enormes bibliotecas con cajones. Cada área de la empresa estaría configurada en miles de carpetas colgantes. Eso significa algo, que tuvimos miles de carpetas colgantes para ser necesario ese repositorio.

Igual, eso sólo no nos hace grandes. Busquemos en SAP si hay pantallas para llevar nota de los partidos de tenis de mesa, compra de kiwis, y resultados de partidos de futbol. Eso sí nos haría grandes, y no quiero entrar en debates de preguntar quién es el más grande.

9

Dejar el escritorio con papeles y la computadora prendida para mostrar que trabajamos

Si llegamos hasta aquí en la lectura es porque nos gusta el management y el humor, así que analicemos el espacio más importante de un empleado: su escritorio. Con sólo mirarlo, uno puede deducir decenas de situaciones

El escritorio puede estar lleno de papeles mostrando que tiene muchos temas pendientes, o puede tenerlo vacío mostrando que lo tiene todo bajo control y clasificado en carpetas colgantes o en forma digital.

El escritorio puede estar lleno porque trabaja de verdad, o porque simula trabajar.

El escritorio puede estar ordenado y limpio porque se fue de vacaciones, o puede estar lleno de carpetas porque se llevaron el mueble que tenía para archivar en la sala de reunión los trofeos de los partidos de futbol internos de la empresa.

Otro libro más de humor y management tendría que ser titulado *El escritorio* con la mano de un gerente tirando una moneda en el aire, que puede ser cara, puede ser seca, o puede ser canto. Me gusta esa idea, la escribiré para no olvidarme.

Lo divertido de analizar un escritorio, es detenernos en la mirada del observador. Entender a ese observador, ese ver que es ver más interpretar.

Si pasamos mucho tiempo reflexionando en cómo es el escritorio del empleado en vez de en los resultados de ese empleado, esto nos muestra que nuestro compromiso está en la forma, y no en el contenido. Ok. Comparto que aparte de ser, hay que parecer. Hay también quienes solo fingen o pretenden diría una verdadera líder que conocí.

También hay otros escritorios. Yo me detengo en aquellos que hay una foto de la familia, o fotos de su vida personal. A mí eso me muestra una persona con su vida personal y labora integrada. No somos trabajadores de 9 a 18, y padres, hijos y compañeros de 18 a 9.

Somos siempre los mismos de 0 a 24. En algunos temas estamos plenos e integrados, en otros temas somos una moneda de dos caras, y en algunos otros temas somos un cubo Rubik de un solo lado. Por suerte existe Internet para mostrarnos la foto de un cubo Rubik de un solo lado. No la puedo colocar aquí porque mi editor me dijo que no tenemos los derechos de esa foto, pero la pueden buscar en Internet, van a sonreír. Sí, en muchas cosas somos cubos de un solo lado.

10
El millennial me renunció por WhatsApp ... ¿Y ahora? ¿Qué hacemos con la puesta en marcha de la web?

Es genial analizar las formas que la gente renuncia... Algunos lo gritan, otros lo susurran; algunos se van lentamente, otros lo hacen rápido; algunos simplemente se van. Hay muchas formas de irse.

No analicemos el estilo del millennial, mejor estudiemos qué originó lo que hizo. A veces es un gusto ver que nos renunciaron rápido, nos ahorran mucho trabajo en despedirlo. Y también muchas veces el estilo de la empresa no merece siquiera que se vaya a despedir. A una buena novia uno la despide, a una mala no la llama más. Funciona para los dos lados.

¿Cómo es posible que no sean estándar y obligatorio las entrevistas de salida? Estas son la gran herramienta que nadie usa ni quiere usar. Nadie quiere sabes si fueron ellos los que fallaron. Dónde, porqué, cómo solucionarlo. Si las hicieran se harían de un valiosísimo documento para ayudarlos y ahorrarse tantos disgustos. Sin ir muy lejos los ayudaría enormemente a desarrollar con más precisión la descripción de las posiciones de trabajo solicitadas. Sería también una interesante bitácora para saber qué pasó antes que uno llegara.

Las entrevistas de salida es la forma que tienen las empresas para demostrar que cuidarán a su gente al entrar y al salir de una empresa.

Igual no importa, miremos para adelante, siempre una nueva novia buena nos hace olvidar a la bruja de la anterior.

11
Las listas negras

Donde hay muchas personas siempre hay listas. Listas sanas y listas tóxicas. ¿Por qué le habrán puesto lista negra a la lista de quienes se tienen que ir? ¿Acaso compran hojas negras y lapiceras blancas? Tuve que investigar en Internet. https://en.wikipedia.org/wiki/Blacklisting

El dramaturgo inglés Philip Massinger usó la frase "lista negra" en su tragedia de 1639 *The Unnatural Combat*.

No es casualidad que en Wikipedia se refiera a la primera aparición en una obra llamada "el combate antinatural". Tener una lista negra no es natural, y eso muestra el tiempo de empresa que uno trabaja para, o la calidad de sus príncipes (Maquiavelo casi 100 años antes, en 1513, describía como un buen periodista, las acciones de muchos gerentes, perdón, de príncipes).

Seamos honestos. De cada cien líderes, acordemos que el 33% es genial, bien intencionado, trabajador, y gente con quien uno quiere seguir vinculado. Otro 33% es gente relativamente indiferente, a veces uno quiere seguir vinculado, y a veces no. Y otro 33% sobre el que no quiero ni reflexionar. Hay de todo allí.

Volvamos a la lista negra. Una vez escuché que, si querés saber quién está y quien no en esos registros, debes tomar los transportes de la empresa y escuchar atentamente a los choferes. Ahí es donde te enterás de todos los secretos de la organización.

Hagamos algo, tratemos de erradicar las listas negras. A lo sumo si hay que hacer una lista de personas a despedir le podemos llamar la lista de la oportunidad. Le daremos la oportunidad de dejarnos y ser felices en otra parte.

Hay una lista que no quiero dejar de escribir, pero no tengo hoja negra. Usaré una hoja cuadriculada.

Importantes temas para la reunión ejecutiva

1. ¿Compramos una mesa de tenis de mesa o una play station?
2. Se acabaron los kiwis porque no es temporada. ¿Los pedimos a un importador, o los reemplazamos por otra fruta?
3. Hagamos la lista negra de quienes no se ríen de nuestros chistes o critican las medialunas.
4. Busquemos un acrónimo interesante o alias para que no nos pesquen hablado de estas listas. (En una empresa le llamaron RAT para las evaluaciones de desempeño. Evaluaban cuál rata o ratón se trasladaba más rápido a la lista de seleccionados para despedir). ¿Le habrán puesto cintas de correr...a los gerentes?
5. ¿Alguien encontró los manuales de inducción que estaban en las salas? Necesito uno para elevar el monitor en mis presentaciones.

12

¿Por qué me promovieron a director y soy el único sin cochera para el auto corporativo?

Si hay algo divertido es el beneficio de las cocheras. Comenzamos tímidamente a estacionar y observamos que fuimos los primeros. ¡Alto! ¿Quién sigue? Es genial para monitorear quien llega primero y quien se va primero también.

Empiezo a tomar notas que un día usaré en un libro de humor.

¿Dónde está la cochera del gerente general? La distancia a esa cochera establece mi grado de acercamiento a mi próximo ascenso.

¿Es sólo para los directivos? Aprendo que los directivos cuando no usan sus cocheras las prestan o comparten con sus colaboradores. Hay que invertir tiempo en saber quién envió el auto al taller, quien está de vacaciones, quien no viene, y quien no viene en auto pues llega más rápido en otro medio de transporte.

¿Vienen solos? Me entero de que siempre un gerente se ofrece a llevar empleados. ¿Siempre a las empleadas más bonitas? ¿Vale repetir? Pues hay una gerenta que tiene una sonrisa divina.

¿Dejan los autos en la cochera toda la noche? Se pone picante. A veces pensaba que se quedaban hasta tarde, pero descubrí que era mucha casualidad que algunos directivos fueran los últimos en irse y los primeros en llegar. Era como dejar el saco en el escritorio cuando uno se toma el día, la gente piensa que sigue en la empresa.

¿Se comparten los autos? Sí, había algunos días al mes que esos directivos se iban en otros autos. Este enfoque de la trama puede resultar muy lucrativa. Llamaré a los escritores y guionistas de series de televisión.

¿Es importante la capacidad del baúl? Voy a proponer que las inducciones a nuevos empleados de logística y transportes se hagan en el garaje corporativo. Sí, la capacidad es importante. El estacionamiento es un depósito de tránsito de mercadería de todo tipo: cajas, regalos, lámparas, guitarras, sillas de jardín, y ¡hasta un violonchelo! Recuerdo una vuelta quedarme fascinado mirando unas sillas de jardín. Resultó ser que uno de los gerentes más antiguos había solicitado su reintegro a la caja chica de administración por desarrollar actividades de integración en su casa, asado y pileta para todos, y haber necesitado el nuevo mobiliario. Por suerte le alcanzó para comprar las sillas de jardín que tanto le pedían sus hijos.

¿Qué más tiene en común los garajes y los vínculos? Los garajes corporativos, luego de los salones donde hay máquinas de café, es uno de los sectores donde más se desarrollan las relaciones de empresa. Hay dos organigramas en una empresa: los basados en la meritocracia, que agrupan excelentes directivos y empleados, y los basados en el garaje:

Piso 1, piso 2, piso 3, cerca del ascensor, cochera compartida de 2 autos, al lado del gerente general, etc.

¿Manejan con la misma ropa? Encontramos acá un desfile de la semana de la moda. Tenemos a los más prolijos que llevan una percha para colgar sus sacos, y colocan sus maletines y carpetas en el asiento de atrás. Y tenemos otros que abren los baúles y se observan a la distancia decenas de carpetas olvidadas. ¡Llamen a Recursos Humanos! ¡Encontré quién se llevó los manuales de inducción y las paletas de tenis de mesa, y ¡hasta kiwis en estado en putrefacción!

Poder dejar el auto en el estacionamiento corporativo es genial. Se ahorran entre diez y veinte minutos diarios sólo con estacionar, ir directamente al ascensor y trabajar. Y principalmente protegerse de lluvias y todo tipo de inconvenientes. Son entre una y dos horas por semana mínimo de ahorro de tiempo por tener cochera corporativa. Son aproximadamente ochenta horas al año (medio mes de trabajo) el tiempo que ahorra tener una cochera corporativa. Es uno de los mejores beneficios que hay para incrementar la productividad. Son una inversión inmobiliaria segura, un lugar de protección de activos, una cuenta de patrimonio neto, en fin...tengo decenas de pensamientos positivos respecto de este tema.

Vuelvo al humor, me quedo con ese pequeño (o grande en algunas organizaciones) resumen de anécdotas risueñas. Podría escribir otro libro llamado *Humor en el garaje corporativo*, pienso docenas de metáforas con la palabra garaje: espacio donde se estacionan egos y talleres de reparaciones de vínculos. Por suerte los encargados del edificio armaron un sector de limpieza de vehículos. Así toda suciedad se quedará en el estacionamiento. Por suerte los responsables de seguridad son reservados, a veces hay autos con los vidrios empañados.

Me queda una pregunta. ¿Quién administra estos espacios? ¿Quién decide el acercamiento de estos profundos vínculos que impactarán en la trayectoria profesional de muchos empleados a lo largo de sus carreras y sus vidas? Descubro que es el mismo que pide los boletos de colectivos a los empleados para analizar tendencias de llegadas tarde en Excel. Me quedo más tranquilo, saben usar Excel.

Estacionamiento, depósito de egos y vínculos. Tengo que comprar más cuadernos para mis notas. Acá no tengo internet para mis búsquedas, los genios de soporte técnico no agregaron una extensión en el estacionamiento, me siento aislado del mundo. Por suerte me gusta el humor.

¡Eureka! Ya sé por qué soy director y no tengo cochera. Tendré que mejorar mi tenis de mesa.

13

Cambio lo externo para no cambiar lo verdaderamente necesario

Cambiar es importante, evolucionar, madurar, ya la vida es un continuo cambio, todos los días crecemos.

¿De quién es la responsabilidad de madurar? En las organizaciones de los especialistas del cambio. Sí, en gran medida sí.

El mito es pensar que lo externo o lo interno muestra el cambio. Ni uno, ni el otro, ambos. Cambiamos las oficinas, modernizamos los baños, pones plasmas en los pasillos; más en las salas de reuniones, los gerentes, siguen gritando y maltratando a los empleados. Entonces, ¿qué cambió? Lo externo, pero no el estado interno de consciencia.

El cambio externo, no alcanza, para que sea hábito debe ser interno también.

El cambio existirá más allá de lo interno y de lo externo, el cambio se produce. Siempre. Sólo miremos el reloj avanzar...

Si seguimos pensando que el tenis de mesa, las frutas, los manuales de inducción, la adquisición de SAP, y los cientos de temas que nos rodean en una empresa son los importantes, los invito a pensar en los vínculos.

Siempre, lo interior es lo más importante. Ese interior es donde se desarrolla la empatía. Ese interior es el que quiere que hagamos lo mismo con y para los demás que nos gustaría que hagan con y para nosotros. No es casualidad que en el diccionario la palabra Empatía esté en la misma letra que el Éxito, que el Cambio esté en una letra anterior, y que Madurar esté en una letra posterior.

14
Las empresas no son hijos

Seamos claros. Las empresas no son hijos, ni padres, ni madres, ni hermanos, ni familia.

Es un lugar de vínculos, sí. Todo tipo de vínculos. Pueden trabajar familiares, seguro trabajarán amigos, amigas, novios, novias, ¿sigo?, bueno, amantes, sanos, tóxicos, profesionales que trabajan genial, profesionales que no trabajan, no profesionales que sí trabajan, otros que estudian… No olvidemos a quienes cuentan los boletos de colectivos, a quienes hacen listas, a quienes compran pelotitas de tenis de mesa, a quienes nos adulan, a los que no nos quieren, a los nos quieren, a todos.

¿Sigo? Pienso en un Zoológico. Hay buenos zoológicos y hay abandonados. Hay zoológicos con leones, elefantes, y gallinas. No veo animales domésticos, ni perros, ni gatos. Ya entiendo, son todos animales salvajes. Me encanta mi metáfora del zoológico.

Quiero explorar otro ángulo del vínculo con la empresa. A ver…Uno no abandona la familia cuando está enferma. A los hijos que tienen mal desempeño no se los "liquida", a las empresas si, se las cierra. Con esa definición clara relacionada al desempeño puedo enseñar con humor, un poco sarcástico que una empresa no es una familia.

Ahora me encuentro en un problema. Lo más parecido que encontré es un Zoológico, pero acá tengo el problema del legado. En un Zoológico uno no se retira (voluntaria o involuntariamente) luego de la trayectoria profesional entreteniendo a los visitantes, a su casa. Tampoco me sirve mi metáfora, en estos partes la vida es para siempre. Las empresas no. En estos lugares, uno un día es atracción, y al día siguiente es comida para el resto. Bueno, eso sí se mantiene en la vida real.

Si las empresas no son hijos de los empresarios, ¿qué son? Son los lugares donde se cumple una misión y una visión. Muy académico. Necesito otra mirada. ¿Son un conjunto de jaulas? Vuelvo al Zoo. ¿Son una declaración de objetivos? Perdí el manual de inducción, no puedo saberlo. ¿Son oportunidades y desafíos? Seguro, en eso las empresas se parecen a los centros de estudio, colegios, universidades, centros de educación.

Sí, las empresas son casas de estudio. De todo tipo de estudios y todo tipo de materias. Desde tenis de mesa, de urbanización de espacios de estacionamiento, hasta de cómo hacer mejor al mundo. Por suerte, gracias a nuestro espíritu emprendedor, el mundo cambia... y a veces hasta para mejor.

«Ariel, ¿vas a inundar la cabeza y el mundo con anécdotas humorísticas de colegios y universidades, de tus épocas de alumno o de docente?», me grita mi consciencia. Estoy inspirado, el humor atrae energía positiva. Mi estilo es un poco sarcástico, pero intento sea sano. Sí, Definitivamente

"Humor. Educación. Empresas" son tres palabras que forman una triada picante para otro libro.

Volvamos al tema de la familia. Las empresas son empresas, no humanos. Si entendiéramos esto sería todo más fácil, pero bueno, ¿los humanos tenemos problemas con los vínculos, cierto? Las empresas también. De los vínculos que más me gustan se destacan aquellos que terminan con brizas de arroz sobre las parejas, los que se desarrollan en una equilibrada y creativa trayectoria profesional entre colegas, coaches, y mentores. No puedo otra que pensar con humor otro tipo de vínculos.

Las empresas no son familia, pero las podemos cuidar como si lo fueran. Tratemos a nuestras empresas como tratamos a nuestra familia. Eso sí. Si están sanas, genial. Pero cuando se vuelve toxicas o se enferman de muerte terminal, lamento decirles, pero hay que mirar nuevos horizontes.

Me metí en un problema acá, en casa no tengo ni mesa de ping pong, ni kiwis en la cocina, y en el trabajo sí. Mejor no le digo nada a mi esposa y a mis hijos, y cruzo los dedos para que no encuentren las fotos en Internet. Tampoco quiero líos, no quiero ver fotos del garaje corporativo los fines de semana.

15

¿Querés llegar a CEO?

Creo, sinceramente, que la carrera para llegar a CEO es todo un libro en sí mismo, lleno de humor de todos los colores. Mi editor me dice que luego del libro *El Escritorio y la moneda* haga uno de sugerencias para llegar a CEO.

Podría resumir el camino a la alta dirección en tres caminos. Podemos llegar por el buen camino, por el mal camino, o simplemente llegar.

El buen camino ya lo conocemos, pero no a fondo, tenemos que involucrar más el corazón. Pensamos que la trayectoria es vertical, y no es vertical.

El mal camino también lo conocemos, y las anécdotas más divertidas son cuando un empleado piensa que enamorando a la secretaría del gerente general tendrá más chances de ascender. Cuando se involucra el dinero o el sexo, tenemos historias para películas, pero si se mezcla el poder ya tenemos un thriller.

En todos los casos hay más de querer llegar de porqué querer llegar. Hay más de querer los beneficios del CEO, que de querer las responsabilidades del CEO.

Si tienen la oportunidad de hablar con un buen CEO, pregúntenle cómo llegó. Como me dijo un buen CEO mundial con decenas de miles de personas a cargo... *"La gente me pregunta generalmente qué hago y qué haré, pero nadie me pregunta lo que hice para llegar"*.

Mejor volvamos al humor. Mantener un humor sano es un claro indicio de que uno puede llegar a tener éxito en la carrera de CEO.

16
Los mitos urbanos que corren entre los empleados buenos se van, los malos que se quedan, y los que ascienden son….

Nada más divertido puede ser que analizar con humor a quienes se van, quienes se quedan, y quienes ascienden.

Más divertido es recordar que a veces irse, quedarse o ascender depende de uno, y a veces depende de la empresa.

No hay duda de por qué alguien se va. Ya sea decisión de una parte, de la otra, o de mutuo acuerdo, no hay dudas, no va más.

Si alguien se queda es porque el 50% su parte del poder logró imponerse a pleno, pero también el 50% de la otra parte quiso que se quede, o no le quedó otra…. Agreguemos que las empresas crecen gracias a los que trabajan, es decir los que se quedan.

Ahora, detengamos el análisis en entender (que entender sería, según me enseñaron, ver más interpretar) porqué algunos ascienden. Es imperativo entender que en el 100% de los casos que no todo dependió de ellos. Nadie se otorga a sí mismo un ascenso, es la empresa la que los asciende.

Si entendemos los ascensos, vemos que hablan por en su totalidad del ADN de la empresa. Entonces las empresas tienen las características de quienes ascienden. Si ascienden los meritocráticos e inteligentes, esa empresa valora los méritos y el talento. Si ascienden otros... valoran otras cosas.

Los ascensos vienen con beneficios. En algunas empresas lo mejor que les puede pasar a sus empleados es que les regalen el auto, es la forma de compensarlos. A veces el auto es un beneficio o premio para alguien talentoso, y otras veces es una estaca de elefante. Como cuenta el cuento de Pablo Coelho sobre aquel elefante pequeño atado a una estaca para que no se vaya. Y cuando creció siguió atado a la misma estaca contra la cual nunca más luchó porque creía que no podía contra ella. A veces un auto de lujo y la cochera son premios, y a veces son estacas.

¿Cómo encontramos a los buenos CEOs? Con sus cartas de final de año, ya sea para accionistas, o para empleados. Si son lo suficiente profundos para una vez al año comunicar lo que hicieron y lo que quieren hacer, son personas que se quedarán y ascenderán siempre.

17
Ascensor para directivos

Hay beneficios lindos y otros aún más lindos. Aquellos que otorgan una preferencia nos hacen sentir mejor. Un ascensor, una mesa en un restaurante al lado de la ventana, un salón vip en un aeropuerto.

Los directores se comunican por otro medio de elevación, está muy bien, pensemos en situaciones similares. Las escaleras para los estudiantes, los ascensores para los profesores.

A veces miramos los beneficios como ventajas, pensamos que es ventajero que un director tenga su ascensor, pero vemos genial promover que los estudiantes suban por escalera, más aún, solo los discapacitados pueden usar los ascensores en los museos.

Siempre estos comentarios muestran al observador. Un ascensor es un beneficio para quienes lo usan. Si para los que los observan es ser ventajero, entonces no falta mucho para que las personas envidien los beneficios de los discapacitados de un museo. ¿Serán las empresas museos en el futuro por la mentalidad obsoleta de sus líderes?

18

Siempre una corbata o traje a mano, no sabemos cómo será el día

Es muy importante tener ropa de repuesto. El invento más genial es la valija de mano, por fin tenemos espacio para ropa en caso de emergencias. ¿O acaso nadie se manchó con comida una estupenda camisa blanca?

Propongo tengamos también un saludo a mano, una sonrisa a mano, un papel con los nombres y fechas importantes de nuestros colaboradores a mano. No sabemos cómo será el día. Seamos amables, no sabemos las historias y batallas de las personas a nuestro alrededor.

Por suerte existe Internet para buscar camisas, ¿pensamos hacernos alguna camisa a medida? ¿Podremos buscar allí la forma de sonreír y ser amable? Necesito ropa de gimnasia, hacer abdominales en esas colchonetas me va a hacer bajar de peso.

19

Comunicar a 7.000 para avisarle de su despido a solo 300 colaboradores

¡Qué frase difícil! Siempre me pregunto qué significa despedirse, a veces es agradecer, a veces es comunicar, a veces es dejarse llevar. Copiar a todos los miembros de la empresa es para analizar.

Si cuando nos encontramos yéndonos es el momento de despedirse entonces no hemos vivido. Si hay que explicar el nuevo camino de la dirección una empresa es genial. Entonces ¿por qué el irnos de una empresa debe implicar comunicar una despedida? ¿Por qué no mejor el inicio de una nueva etapa personal? Prometo reflexionar más sobre ello.

Pero si es sólo para hablar de nosotros, la cantidad de personas a las cuales les enviamos nuestra despedida está matemáticamente relacionado a la cantidad de cosas que no hicimos a su debido momento.

Tengo que volver a leer sobre posición adelantada, por suerte en el tenis de mesa no está esa regla.

20
Humor y Management virtual

¿Cómo finalizar un libro de humor? ¿Con qué cuento?

El libro se llama *Humor y Management*, ¿debería haberlo titulado al revés, es decir Management y Humor?, ¿tendría que haberlo escrito Humor Gerencial?, ¿o Kiwis, ping pong, y gerenciamiento?

Repaso las historias, pienso que mucha gente elige un buen camino o un mal camino para ascender en su carrera gerencial; me detengo a reflexionar cuál debe ser el área de la empresa con más anécdotas de humor, ¿el escritorio?, ¿la sala de recreación?, ¿el garaje?, ¿el ascensor?, ¿o las personas? Vuelvo a repasar los cuentos junto a mi editor, y nos detenemos a sonreír recordando los distintos manuales de inducción que hemos visto a lo largo de la trayectoria profesional.

Este libro deseo sea una inducción al humor, varios de los episodios aquí descriptos no podrían haber sido contados sino era a través de la sátira, el sarcasmo, y el humor.

El humor es sano, si el espíritu es sano. Las palabras siempre pueden ser usadas en forma tóxica o no. Todas las palabras.

Deseo finalizar diciendo que hay mucha gente que trabaja muy bien en las empresas, que sueña con tener una carrera profesional, y que aspira trabajar en un ambiente no tóxico.

¿Ese es el objetivo de trabajar? ¿Seguro? ¿cuál es el ambiente para trabajar mejor? No puedo dejar de escribir de trabajo remoto. El gran invento para escaparse de la oficina. Nos escapamos de viajar 10 horas por semana para dirigirnos a un escritorio con un jefe que piensa en medialunas. Nos horrorizamos de compartir el tiempo y preferimos trabajar en forma remota en el hogar.

Quedarse en casa tampoco es una solución, allí pueden estar niños que nos demandan su tiempo, alguien puede pasar la aspiradora, o decenas de pequeñas distracciones me recuerdan que no estoy trabajando. Lo ideal sería seguramente ir a un espacio compartido de trabajo cerca del hogar, y lejos de la oficina. Sería genial. Incrementaría la productividad.

En todos los casos el humor de la oficina cambiará a una modalidad de comicidad remota o virtual. Pero ya con ropa informal, pijama, y ambientes de todo tipo.

Mejor dejo de trabajar y busco un lugar donde aprender a jugar al ping pong.

Me gustaría citar libros para el Epílogo, experiencias, pero más oportuno me resulta invitar a un joven que una vez me pidió que hiciera el epílogo de su libro.

Epílogo

Cuando estábamos reunidos con Ariel cenando hace un tiempo, y me conto su idea de escribir este libro sobre humor en el ámbito laboral me pareció una idea simplemente fascinante.

Cómo joven encuentro extraño ese pensamiento de que la vida profesional, para ser seria y productiva, debe ser aburrida, sin sonrisas, y casi desconectada de los otros seres humanos que uno debe tener al lado. Uno como observador nota que en muchas organizaciones se valora más el estar concentrado en el trabajo, en los resultados a corto plazo, trayendo como consecuencia que la gente esté totalmente desmotivada por los desafíos propuestos.

La persona que lee esto podría pensar que es una mera percepción, pero un estudio realizado por Gallup en Latinoamérica dejó como dato que solo el 24% de los empleados están motivados, tienen energía y están comprometidos disfrutando de su trabajo. En tanto un 60% están pasivamente desmotivados, no les gusta lo que hacen, no tienen interés genuino y hacen lo mínimo para que no los despidan, y finalmente un 16% están activamente desmotivados, y buscan evitar que el resto pueda progresar dentro de la organización.

Estoy convencido que esté libro nos invita a realizar una profunda reflexión sobre la gestión de ese capital humano, preguntándonos que tan comprometidos estamos cotidianamente con el bienestar de las personas que nos rodean, es decir, con una cultura organizacional basada en el dar, de forma generosa, apostando el 100% por aquellos seres humanos que forman parte de nuestro metro cuadrado, de nuestro propio "mundo" laboral.

Para poder ejemplificar esto, me gustaría poder llevarte a una historia, que hace un tiempo me hizo reflexionar desde dónde nos vinculamos con el otro, y que tanto estamos dispuestos a jugarnos por el potencial que vemos en cada persona que se va cruzando en el camino de nuestra vida.

Para esto, te voy a pedir que te relajes, respires profundo, y te conectes con vos mismo por unos minutos. Quiero que leas esto con el corazón, y no simplemente con la razón. Si te sentís listo, luego de esta pequeña pausa, te invito ahora si a leerla.

> *Dos marineros viajan de puerto en puerto y un día atracan en una isla. Los dos amigos deciden desembarcar y disfrutar del lugar.*
>
> *Paseando, encuentran un arroyo y ven en la otra orilla una mujer lavando ropa. Si bien la joven mujer no es muy bonita, uno de los dos marineros se queda muy impresionado por ella y decide hablarle. Pero ella no le contesta. El marinero, sorprendido, se entera de que la mujer pertenece a una tribu cuyo jefe es su padre. Y según las normas de la tribu, el*

marinero tiene que hablar primero con el padre antes de poder hablar con la joven.

Su amigo no entiende porque el marinero pierde tiempo con una mujer que ni siquiera es bella. Pero a pesar de ello el primer marinero decide seguir adelante y hablar con el padre, el jefe de la tribu. El padre le indica que, para poder hablar con su hija, tiene que casarse con ella y para ello tiene que pagar una dote. Esta dote se paga con vacas. El jefe se sorprende del interés que tiene el marinero por la joven ya que es la más fea de sus dos hijas. Por ella, pide 2 vacas. Pero se apresura en decirle que tiene otra hija mucho más bonita que vale 8 o 9 vacas. A ello el marinero le responde que está dispuesto a pagar 9 vacas por la joven del arroyo. "¡Pero si vale sólo 2 vacas!" se exclama sorprendido el padre. Finalmente, el padre acepta la oferta y el primer marinero se queda en tierra para casarse con la joven mientras su amigo reemprende el viaje.

Pasa el tiempo y un día el amigo vuelve a la isla. Enseguida va a ver a su compañero, curioso de saber cómo le han ido las cosas. Encuentra a un hombre muy feliz. Mientras hablan y se cuentan sus cosas, pasa una procesión que sigue a una hermosa mujer arrojando flores a la gente. El marinero se fija en ella y sigue la conversación.

—¿Cómo está tu mujer? —le pregunta a su amigo.

—Mi mujer está muy bien... de hecho, acabas de verla"

—¡Cómo! ¿Dónde?

> —En la procesión, es la mujer que estaba arrojando flores.
>
> —¡¡¡No puede ser!!! Te deje con una mujer poco atractiva, y ésta mujer que acabo de ver, ¡es muy hermosa!"
>
> —Pagué por ella 9 vacas, la traté como una mujer de 9 vacas, y ella ES una mujer de 9 vacas.

La pregunta que me gustaría que te quedes reflexionando luego de este breve relato es, si realmente estás apostando 9 vacas, es decir el 100% por aquellas personas que tenés al lado tuyo cotidianamente para que estén motivadas, felices y en bienestar con el trabajo que están realizando.

Si la respuesta es no, la buena noticia es que hay un espacio de mejora para trabajar; si la respuesta es sí, te invito a que ayudes a que más personas puedan apostar también esas 9 vacas por su equipo.

Emanuel Werner

Conferencista y autor del bestseller: "TODO está en VOS".

www.ingramcontent.com/pod-product-compliance
Lightning Source LLC
Chambersburg PA
CBHW052337220526
45472CB00001B/467